Teddys Weihnachten

Bilder von Fritz Baumgarten   Verse von Lena Hahn

$\mathcal{K}$necht Ruprecht sagt: „Es ist soweit!
Macht mir den Gabensack bereit!
Packt mir das schönste Spielzeug ein,
denn morgen soll Bescherung sein."
Die Englein schleppen alles her,
vom Dampfschiff bis zum Teddybär.

Der Silberschlitten saust im Nu
mit seiner Last der Erde zu.
„Jetzt sind wir aber fein in Schwung!“,
schreit Teddy voll Begeisterung.
Der Fahrtwind pfeift ihm um die Ohren.
Wer da nicht fest sitzt, geht verloren!

Die flinke, bunte Meisenschar
ward es natürlich gleich gewahr.
Es piept und zwitschert, ruft und schallt:
,,Knecht Ruprecht geht durch unsern Wald!
Und oben auf dem Gabensack,
da reitet einer huckepack!"

Knecht Ruprecht, der die Tiere liebt
und ihnen immer etwas gibt,
hat wieder treulich dran gedacht
und Leckerbissen mitgebracht.
Verwundert sitzt der Teddy da,
der ja noch niemals Tiere sah.

Im Wichtelhaus am Waldesrand
hat man Knecht Ruprecht gleich erkannt.
Der hat die Wichtel auch gesehn,
grüßt freundlich im Vorübergehn.
Zum Rasten hat er keine Zeit,
sein Weg ins Menschenland ist weit.

Ganz kurz darauf ist es passiert,
dass er den Teddybär verliert!
Er sah sich um, der kleine Bär,
und – schwuppdiwupp! – schon rutschte er.
Zum guten Glück ist dicht dabei
ein Haus, die Wichtel-Bäckerei.

Die Wichtel nehmen nett und gut
den Findling gleich in ihre Hut.
Das Bäcker-Kleeblatt winkt und lacht:
„Nanu, wer wird denn da gebracht?
Wir backen eben Honigkuchen.
Komm, willst du mal den Teig versuchen?"

Nach kurzer Zeit fühlt Teddy sich
im Wichteldorf schon heimelig.
Neugierig stöbert er umher
und was er sieht, gefällt ihm sehr.
Ganz selig aber ist er dann,
als er am Hügel rodeln kann.

Es wurden ihm die Pfötchen kalt,
da ließ er dann das Rodeln bald.
Er kommt herein – und sieht entzückt
im Kerzenschimmer, schön geschmückt,
hier seinen ersten Weihnachtsbaum.
Vor Freude atmet Teddy kaum.

Knecht Ruprecht merkte in der Stadt,
dass er den Bären nicht mehr hat.
Da ist er schnell zurückgekommen
und hat den Teddy mitgenommen.
Die Wichtel winken hinterher:
„Leb wohl! Viel Glück, du kleiner Bär!"

Im Bettchen liegt der kleine Klaus.
Er rutschte auf dem Glatteis aus
und brach den Arm. Das schmerzte sehr!
Doch eins plagt Klaus jetzt noch viel mehr:
„Ob mich Knecht Ruprecht nicht vergisst,
wenn nachher die Bescherung ist?
Ich liege hier doch ganz allein
und kann nicht bei den andern sein!"

Da tritt er ein! „Find ich dich hier?
Ich komm zuallererst zu dir
und bringe dir – ja, schau nur her! –
den langersehnten Teddybär!"
Glückselig sagt der Klaus ihm Dank
und fühlt sich gar nicht mehr so krank.
Noch niemals hat zur Heilgen Nacht
ihn ein Geschenk so froh gemacht!

© 2012 Titania Verlag GmbH
Industriestraße 19
64407 Fränkisch-Crumbach 2019
www.titania-verlag.de

Verse: Lena Hahn
Illustrationen: Fritz Baumgarten
Layout, Satz und Umschlaggestaltung:
design cat GmbH

ISBN 978-3-86472-404-6